Oskar Loy

# DU BIST MEINE HOFFNUNG

– Gebete –

25. 5. 1985

Reinhard Kawohl Wesel
Verlag für Jugend und Gemeinde

Taschenbuch-Bestell-Nr. 164

© Copyright 1980 by Reinhard Kawohl Wesel
Verlag für Jugend und Gemeinde
Alle Rechte vorbehalten
Titelfoto: W. Krebber
Umschlaggestaltung: RKW

ISBN: 3 88087 164 7

All mein
Klagen
Fragen
Bangen
wandle,
Herr,
in das Verlangen,
daß ich
Deinen Frieden finde,
meine Zweifel
überwinde,
und in allen
meinen Sorgen,
sei bei Dir,
mein Gott,
geborgen.

Herr,
mein Gott,
ich trage schwer
an den Lasten
meines Lebens.
Oft bin ich
verzweifelt
auch über Dich
und spüre nichts
von Erhörung.
Aber bei allem,
mein Gott,
komme ich nicht
von Dir los.
Wie mit geheimen Fäden
bin ich
an Dich gebunden.
Deine Geduld ist groß.
Auf wie vielen Wegen
bin ich von Dir
gesucht,
verloren,
und wieder gefunden.
Habe Dank,
mein Gott.

Hilf mir, mein Gott,
daß ich auch jetzt
in meinen engen Grenzen
tue,
soviel ich irgend kann,
und mich nicht damit abfinde,
nur zu leiden.
Hilf mir,
daß ich mir Mühe gebe,
die kleinen Aufgaben zu erfüllen,
die mir auch bleiben
in meiner Schwachheit,
daß ich spüre:
mein Dasein ist nicht vergeblich.

Laß mich nicht nur
vom Glück träumen
oder mich danach sehnen
oder immerzu davon reden.

Herr,
laß mich
zu Dir kommen,
mit Dir sprechen,
hilf mir beten.

Schenke Du mir Kraft,
laß mich Frieden finden
und alles überwinden,
was meine Wege
wegführt von Dir.

Herr,
schenke mir
Deine Pflege
und bleibe Du
bei mir.

Herr, mein Gott,
im dunklen Tal der Schatten
ist oft Großes geschehen.

Menschen,
die Dich verloren hatten,
haben Dich wiedergefunden
und haben später
zurückgeschaut
auf ihr Leid
und darin
ein großes Glück gesehen.

Herr, mein Gott,
laß es so
auch mit mir geschehen.

Oft möchte ich
zu Dir rufen,
mein Gott,
und kann doch nicht,
weil mich
zu sehr die Not anficht
jetzt in meinem Leben.

Zu sehr
bin ich ermattet,
die Gedanken
wollen sich nicht erheben.

Sei mir gnädig,
mein Gott,
laß Dir
mein Seufzen genügen.

Von Angst
– viel heimlicher Angst
sind unsere Tage umstellt
im ganzen Leben.

Dagegen
wird es in dieser Zeit
keine Hilfe geben.

Aber Du, Herr,
hörst die einsamen Klagen,
Du begegnest uns
wie ein Freund
dem andern,
Du machst getrost
das Wandern,
Du bist Antwort
auf die Qual der Fragen.

Herr,
Dir sei Dank.

Mein Gott,
die Unzufriedenheit
mit mir selbst
nagt an mir.
Ich weiß so wenig
mit mir anzufangen
und übertrage
meine Unruhe
auf die andern.

Hilf mir,
meine Ungeduld
zu überwinden,
laß mich
Frieden finden
in all meinen
Belastungen.
Frieden
mit mir selbst,
Frieden
mit den Menschen
um mich her,
Frieden
im Tiefsten
bei Dir.

Die Alten haben wohl
von der Schule des Leidens
geredet.
Sie haben unter Schmerzen
Loblieder gesungen
und unter Tränen
gebetet.
Mein Herr und Gott,
könnte ich doch
dies auch in der Not.

Aber siehe,
der Weg dahin ist weit.
Dennoch wollte ich gerne,
mein Herz wäre dazu bereit.
Hätte ich nur die Kraft.
Steh' Du mir bei,
der Wunderbares wirkt
draußen in der Welt
und der in den Seelen
neues Leben schafft,
wie es seiner Güte gefällt.
Hilf mir mein Gott.

Wem
bin ich nun ausgeliefert:

einem blinden Schicksal,
das seine Hand im Spiele hat,
einer unbekannten Macht?

Laß mich erkennen,
mein Gott,
es waltet Dein Rat.
Du hast alles bedacht.
Du hältst meine Zeit,
mein Leben
in Deiner Hand.

Herr,
mache Du mich frei
von allem ruhelosen Fragen
und Tun.
Laß mich
in Deinen Händen ruh'n.

**J**etzt,
da mich Schrecken überfiel,
merke ich:
ich habe
in guten Tagen
oft versagt,
ich habe
mein Leben eingerichtet
ganz wie es mir selbst gefiel,
ich habe
wenig
nach Dir gefragt.
Hilf mir,
daß nun der Dank,
den ich Dir kaum gebracht,
und das Lob,
an das ich nicht gedacht,
zu Dir aufsteigt
aus meiner Seele,
daß ich Dich
als Mitte meines Lebens
suche in meiner Leidenszeit
– und erkenne
Deine Herrlichkeit.

Wie gut,
daß es eine Stätte
der Zuflucht gibt,
wo einer
auf mich wartet,
der all
meine Schwachheit kennt,
meine Not,
und mich liebt.

Zu Dir komme ich nun
in meiner Angst.
Laß mich bei Dir,
mein Gott.

Laß mich Freude haben
an den kleinen Dingen,
die meine Freunde
mir entgegenbringen.

Im Kleinen
spiegelt sich die Welt
und Deine Herrlichkeit,
mein Gott,
der sie erhält.

Welch' großer Aufwand
mußte oft geschehen,
um mich in guten Tagen
auch nur ein wenig
zu erfreuen.

Lehre mich nun,
mein Gott,
im Kleinen
das Große sehen
und aus dem engen Raum,
der mich umschließt,
in deine Weite gehen.

In unserer großen Nacht
hat Gott Vater
unser gedacht
und brachte
auf unsere Erde
seinen Frieden,
daß sie gerettet werde
von Schuld und Wahn
und tiefem Leid.

Mach uns, o Gott
für Dich bereit,
daß wir
füreinander leben
und Deinen Frieden
weitergeben.

Man sagt,
es liege ein Segen,
ein geheimer Segen
im Leid,
und manche sollen Dir
für das Leid ihres Lebens
sogar gedankt haben.

Ich selbst, mein Gott,
bin nicht so weit.
Ich wehre mich dagegen,
hilf mir
kleine Schritte des Mutes gehen
und etwas
von dem Geheimnis sehen,
daß man Dich preisen kann
auch in schweren Stunden,
daß man
äußerlich elend werden kann
und innerlich reich,
wenn man Dich gefunden.

Wir sind in diese Welt gekommen,
wir wissen nicht, wie,
wir werden einst
von dieser Welt genommen
und wissen nicht, wann.
Und niemals verläßt uns die Frage:
was kommt dann,
am Ende,
nach dem Ende der Tage?
Wir sagen wohl: es kommt gar nichts,
es ist nichts dahinter
und machen es uns so leicht.
Aber was ist damit erreicht?
Denn wir werden die Frage nicht los,
die quälende, schwere:
wenn nun aber doch
etwas dahinter wäre?
Verlaß uns nicht
in der Not dieser Frage,
Herr, Gott,
unsere Zweifel wende und trage,
und laß uns, wie immer wir enden,
niemals aus Deinen Händen.

Herr, mein Gott,
dessen Güte
sooft meine Zuflucht war,
behüte mich
in diesen schweren Stunden
vor der Gefahr,
daß ich mich gehen lasse,
daß ich neide und hasse,
daß ich nur
meinem eigenen Kummer lebe
und mir keine Mühe gebe,
irgendeinem Menschen
Freude zu bereiten
und ihm Zuversicht zu schenken
für seine Leiden.
Es gibt so vieles zu bedenken.
Hilf mir meinen Tag füllen
und die Unruhe stillen,
die hinter allem
lauert und droht.
Steh mir bei, mein Gott,
in meiner Not.

Herr, mein Gott,
keiner der Menschen,
die zu mir kommen,
kann bleiben.
Man sieht nach mir
und nach einer Weile
läßt man mich
wieder allein.
Nur Du kommst,
um nicht wieder zu gehen.
Dein Gedenken
läßt mich nicht los.
– Hilf, mein Gott,
daß meine Gedanken
nicht von Dir lassen.

Herr, mein Gott,
laß mich nicht sorgen,
nicht Angst haben müssen
vor dem Morgen.
Bist Du es nicht,
der über mir wacht?
Was mich bedrückt und quält,
hast Du es
nicht längst schon bedacht?
Sind meine Tränen nicht von Dir
gezählt?
Du bist es,
der gnädig mit mir spricht.
Ich brauche mich nicht zu sorgen.
Herr, laß mir leuchten
Dein Angesicht!

Mein Gott und Vater,
ich komme zu Dir
mit leeren Händen;
auch meinem Gebet
traue ich nicht viel zu.
Und oft meine ich,
auch Du kannst
mein Leid nicht wenden.
Aber ich fahre fort,
mit Dir zu reden.
Und mit einemmal
geschieht das Unerwartete,
– da redest Du.

Vieles
ist mir jetzt ferngerückt.
Freuden,
die mich einmal entzückt,
gelten nicht mehr.
Sorgen,
die mich bedrückt,
wiegen nicht mehr so schwer.
Menschen,
die ich täglich gesehen,
finden den Weg nicht mehr
bis zu mir.

Herr,
hilf mir erkennen:
eines ist gleich geblieben,
Dein treues,
väterliches Lieben.
Mein Gott,
ich gehöre Dir.

Herr, sei Du jetzt
in dieser Zeit
der tiefen Not
für mich bereit.
Der Du regierst
den Lauf der Welt,
Du, der sie schuf
und liebt und hält.
Mag auch die Angst
groß aufstehen
und wie ein Schatten
mit mir gehen,
mach' mich gewiß,
daß Du, Herr Christ,
mit Deiner Kraft
mir näher bist.

Mein Tag vergeht,
aber Deine Güte, Herr,
Deine Treue
besteht.
Du bist mir nah,
näher, als ich es begreife,
bist mitten
in meinen Schmerzen da.
Hilf mir, mein Gott,
daß in mir wachse und reife
die Hoffnung,
die sich ganz an Dich hält,
daß ich freier werde
von alledem,
das mich jetzt bindet,
und meine Seele
Frieden findet.

Großer Gott,
der den Tag regiert,
der die Nacht
durchwaltet
und dabei
kein Wort verliert.
Du bist mir
wie eine Mutter,
die ihr Kind
in ihren Armen hält.
Du meinst es
im Letzten gut mit mir.
Du bist größer
als alle Gewalten
und nimmst doch teil
an meiner Not.
Ich kann getrost
ruhen in Dir.
Habe Dank,
mein Gott.

Wenn ich irgend etwas sähe,
über das ich mich freuen kann
in meinem Leid,
könnte ich wohl
die Last dieser Tage ertragen.
Aber der Weg
auch zur kleinsten Freude
ist weit.
Man sagt,
daß Deine Nähe, mein Gott,
einem bedrängten Menschen
zur Freude werden kann.
Ich möchte Dir
wohl gerne näher kommen,
aber ich bin ja so hilflos
im Umgang mit Dir.
Zu wenig habe ich ihn
in meinem Leben gepflegt,
Schenke mir Deine Güte, mein Gott,
den ich nur ganz von ferne kenne,
dessen Namen ich so selten nenne.
Es sei alles in Deine Hände gelegt.

Herr,
mein Gott,
Du hast mich
in die Wüste geführt,
ich habe Angst.

Aber ich bin nicht allein,
Du gehst mit,
Du willst bei mir sein.
In der Wüste ist viel Not.
Hilf mir, mein Gott,
daß Dein Wille
mir groß werde,
daß ich
mein Leben neu beginne
in dieser schweren Zeit,
daß ich auf Besseres sinne.

Mache mein Herz
für Dich bereit.

Du legst Lasten auf mich.
Laß mich nicht bitter werden
trotz all' meiner Not.
Könnte ich doch die Kraft finden,
Dir täglich zu danken.
Hilf mir dazu,
mein Gott.
Laß mich über alles Schwere
in meinem Leben
hinausschauen auf Dich,
und getrost Dir alles anheimgeben.
– Herr, segne mich.

Herr,
laß es gnädig geschehen,
daß wir erkennen:
wir sind von Dir,
den wir Vater nennen,
gesucht und gefunden
in unserer Not
und angesehen,
daß wir – gesunden.
Habe Dank, o Gott.

Vater unser
im Himmel,
geheiligt
werde Dein Name,
Dein Reich komme,
Dein Wille
geschehe,
wie im Himmel,
so auf Erden.
Unser tägliches Brot
gib uns heute,
und vergib uns
unsere Schuld,
wie auch wir vergeben
unseren Schuldigern,
und führe uns nicht
in Versuchung,
sondern erlöse uns
von dem Bösen,
denn Dein ist das Reich
und die Kraft
und die Herrlichkeit
in Ewigkeit.

Amen

# Weitere Bücher in gleicher Art lieferbar:

Otto Dietz, ES LOHNT SICH, ALT ZU WERDEN
RKW 161 · 32 Seiten · Großdruck DM 2,40

In diesem Büchlein gibt Kirchenrat Otto Dietz praktische Hilfen und Ratschläge für den Weg in und durch das Alter. Es lohnt sich, alt zu werden, wenn wir es freudig bejahen, weise gestalten und gläubig vollenden. Älteren Menschen tun wir mit diesem Büchlein einen wertvollen Dienst (3. Auflage).

Marie Hüsing, ES LOHNT SICH, CHRIST ZU SEIN
RKW 162 · 32 Seiten · Großdruck · DM 2,40

Die Autorin – bekanntgeworden durch verschiedene Bücher – schreibt in diesem geschmackvoll gestalteten Bändchen, warum es sich lohnt, Christ zu sein. Ein kleines Geschenk.

Klaus Eickhoff, EURE TRAURIGKEIT SOLL IN FREUDE VERWANDELT WERDEN
– Eine Hilfe, Trauer und Angst zu begegnen –
RKW 163 · 32 Seiten · Großdruck · DM 2,40

Christen haben einen Trost, der über angeblich fromme Worte hinausgeht.

## Bücher von Oskar Loy in unserem Verlag:

... UND LENKEST MEINE SCHRITTE
RKW 602 · 48 Seiten · Bildband, Spiralbindung DM 7,80

DU LIEBST MICH UM SO MEHR
RKW 605 · 48 Seiten · Bildband, Spiralbindung, DM 7,80

Zwei Bildbände, die durch die Schönheit der Sprache, die Tiefe der Gedanken und die hervorragende Gestaltung viele Freunde gewinnen werden. Gedanken, Gespräche mit Gott, die man nachempfinden und mitbeten kann. Eine gute Hilfe auch in der Gemeinde.

UNSERE VERLAGSPRODUKTION UMFASST BÜCHER, SCHALLPLATTEN, TONKASSETTEN, FOTO-POSTER, KALENDER UND VIELES ANDERE MEHR. FRAGEN SIE NACH UNSERER PRODUKTION ODER FORDERN SIE PROSPEKTE AN!